JN440444

김종한의 시와 산문

아름다운 여행

김종한의 시와 산문
아름다운 여행

초판 1쇄 | 2021년 2월 5일

저 자 | 김종한
발행인 | 윤승천
발행처 | (주)건강신문사

등록번호 | 제25100-2010-000016호

주 소 | 서울특별시 은평구 가좌로 10길 26
전 화 | 02)305-6077(대표)
팩 스 | 02)305-1436 / 0505)115-6077

인터넷건강신문 | www.kksm.co.kr / www.kkds.co.kr
한국의첨단의술 | www.khtm.co.kr

ISBN 978-89-6267-111-7 (03810)

김종한의 시와 산문

아름다운 여행

김 종 한 著

건강신문사
www.kksm.co.kr

© 유현숙

인생을 바라보며(see),
보다(more) 나은 삶을 꿈꿉니다

요즈음 저의 삶의 화두는 가족, 자연, 꿈 입니다.

살아가면서 가장 소중한 가족의 중요성,

소중한 사람과 함께 살고 있는 자연이 주는 행복,

나의 꿈 그리고 함께하는 이들의 저마다의 꿈과 끼를 찾아 키워주고 그로 인해 의미 있는 삶을 살도록 해주자는 것입니다.

김종한 어르신의 시와 산문집은 그래서 저에게 큰 의미가 있습니다.

여기에는 삶을 살면서 중요한 가족, 효심, 자연, 사랑을 주제로 소중한 사람과의 사는 이야기, 지혜가 담겨있고, 꿈을 향한 열정을 느낄 수 있었기 때문입니다.

김종한 어르신과의 첫 만남은 2008년 8월 1일이었습니다.

어르신은 누구보다 따뜻한 마음을 가지고 있고 깊은 효심과 가족 사랑이 특별했습니다.

그리고 살고 있는 환경에 고마워하며 자연을 벗 삼아 누리는 행복을 소중하게 생각하는 분입니다.

본인이 느끼는 감정, 행복, 감사함을 글로 담아내는 표현력을 가지고 있는 분이십니다.

가벼운 산책길에서도 영감을 얻어 잠시 걸음을 멈추고 벤치에 앉아 작품을 쓰던 모습이 생각납니다.

삶에 있어 적극적이고 자신을 되돌아보는 겸손함과 더불어 살면서 습득한 지혜를 혼자만의 것이 아닌 나눌 줄 아는 분입니다.

이러한 가치와 열정을 가진 어르신임을 알기에 이번 작품들을 보면서 로건 피어솔 스미스의 명언이 떠올랐습니다.

"인생에서 목표로 삼아야 할 것은 두 가지다.

하나는 원하는 바를 이루는 것, 또 하나는 그것을 즐기는 것이다.

오직 현명한 인간만이 두 번째까지 이뤄낸다."

시와 산문집에 어르신이 원하는 바를 표현하며 이루고, 즐기면서 완성한 꿈이 담겨 있어서가 아닐까요?

김종한 어르신의 발자취와 삶의 열정이 빠짐없이 소복소복 담겨있는 시와 산문집 발간을 축하드리며 도서관 못지않은 우리나라 곳곳마다 많은 어르신들의 작가 탄생을 기원하며 좋은 글 많이 쓰셔서 소망 이루시고 앞날이 탄탄대로(坦坦大路)를 활보하며 작가로서 꽃길만 걷는 건강 장수의 삶을 응원합니다.

전 부천시 오정노인복지관

관장 **김 정 은**

저자의 말

1936년 일제 강점기, 4대독자인 아버지의 사랑과 기쁨을 받으며 태어났지만 1950년 6·25 한국전쟁을 겪었고, 1961년 제대 3개월을 앞두고 5·16도 경험한 어찌 보면 파란만장한 현장에서 그 현실을 경험했던 사람으로서, 이제 인생 이모작을 하고 있는 근대한국사의 살아있는 증인이라고 감히 말해 봅니다.

또한 기름 한 방울 나지 않는 대한민국(대한석탄공사)에서 1957년부터 1988년까지 근무하고 민영 탄광소장경력 4년을 더하면 35년간이나 공휴일과 결혼휴가 4일을 제외하고는 하루도 결근 없는 연속근무로 '검은 보배 석탄 생산'이라는 슬로건의 두건을 머리에 쓰고 에너지를 공급한 둘째가라면 서러울 정도로 열정적으로 일해 왔습니다. 그 당시 이승만 대통령으로부터 '산업전사'의 호칭까지 받은 것을 자랑스럽게 생각합니다.

석탄생산을 끝내고 사회로 와서 60대 이후 끊임없이 배우고 익혀 쌓은 지·기·능(知·技·能)과 그동안 살아온 희노애락(喜怒哀樂)의 시간들을 내가 살아있는 동안 후손과 후배들에게 글로 전하여 남기고자, 늦었지만 부천시 오정노인복지관장님께 건의하여 2017년에 문예창작반을 신설 승인받아 20여명을 모집하여서 2018년부터 대망의 꿈을 가슴에 품고 열성(熱誠)을 다해 글쓰기 공부를 시작하였습니다.

그렇게 만학도로 공부한 결과 시집 공동출간 4회, 공모전 수상 5회에 이어 이제 단독 시와 산문집을 출간하게 되었습니다.

내가 살아오면서 느끼고 경험한 발자취를 한 자리에 묶었으니 많이 부족하지만 축하해 주시고 격려하는 마음으로 읽어 주시면 감사하겠습니다.

2021년 입춘 지나

김종한

목차

제2부 천수답의 시간

제3부 익어가는 길

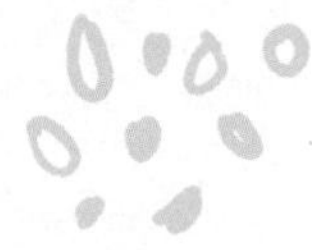

제4부 살며 사랑하며

제1부

굽은 길 같은 사람들

© 유현숙

아침 찬가(讚歌)

아침 6시 30분 쾌종 시계가 운다
자리를 털고 일어나 4층 계단을 걸어 옥상에 오른다

먼저 깬 아침 해와 내기라도 하듯
진노란 꿀단지 호박꽃, 앙증맞은 하얀 고추꽃, 노랗게 활짝 핀
작은 얼굴 오이꽃
하얀색 보라색 군락으로 떼 지어 핀 도라지꽃

밤새 앞 다투어 핀 꽃들이
아침인사 하며 싱그럽게 반겨준다
호박, 고추, 오이, 도라지에 나도 일일이 눈 맞추며 답한다
밤새 잘 컸구나, 고맙다, 사랑한다

아침부터 날아든 벌들도 날갯짓하며 이 꽃 저 꽃 옮겨 다닌다
색동호박 주렁주렁 열매 맺고 온갖 채소 초목(草木)에 수정하여

꽃 피우고 열매 맺어 대를 이어 꽃잔치를 연다

이른 아침 옥상 채마밭에 앉아
벌들의 곡예와 귀가를 바라보며 지나온 생애를 들여다본다

대관령 둘레길

넓고 곧은 길 보다
우거진 나무와 꼬불꼬불 높낮고 굽은 대관령 둘레길이 좋다
봄이면 허리능선을 뒤덮은 진달래 군락
가을에 들면 동서(東西) 8부 능선에 산국(山菊)들이 만발하고
꺄~꺄~, 찌르륵, 짹짹
산새들도 산국향에 취해 다중합창이다
삼삼오오 걷던 산객들도 품새 콧노래 즐거운 길
숲도 산객도 아름답게 단풍물 든다

구비구비 휘도는 대관령 둘레길 걷다보면
다랭이논에 엎드려 부르는 농부들의 정선아리랑을 만난다
권커니 잣거니 주고받는 옥수수막걸리 잔처럼
구성구성 애환 서린 아라리

평생을 산비탈 고랭지에 엎드려
정성들여 씨 뿌리고 가꾼 감자, 배추, 옥수수는
애지중지 또 다른 자식이다
강원도에는 구부러지고 흙냄새로 다져진
정직하고 순박한 흙사람 있다

골 깊은 산에 안겨 구리빛 피부에 깊게 패인 주름살로
이웃도 가족처럼 보듬고 다독이며 살아가는
굽은 길 같은 사람

대관령 둘레길 걷다보면
그늘 깊고 인심 좋은 강원도 사람을 만난다

솜이불 덮은 대관령

깎아지른 절망(切望)에
손 한 번 잡아준 일 없이
외다리로 버텨 선 소나무
비에 패여 저리고
세찬 바람에 구부정하게 휘고
안개는 때도 없이 찾아와
축축한 유혹을 하고
무너질 듯한 순간 마다
발부리에 힘을 보탠 소나무
대관령 절벽(絶壁)에 뿌리내린 죄 하나로
몽두(蒙頭)라진 발가락
경포 바닷가 푸른 솔밭에
트고 튼 살갗의 설움으로 남는다

올겨울 주책없이

쏟아진 폭설

감내(堪耐)의 부피만큼 푸근한 적설

허리까지 감싸주는 따뜻한 위로에

마디마디 뻗어보는 삭신

풀어보는 원망

아득한 벼랑이 이제는 두렵지 않은

알 수 없는 힘

보이지 않는 힘

뿌리 사이사이로 조여 오는

혹한(酷寒)의 대관령

흰 속옷 바람에 힘주어 끌어안는

겨울 대관령

몽두(蒙頭):죄인을 잡아올 때 얼굴을 싸서 가리던 삼베
감내(堪耐):참고 견딤

봄의 전령

설한폭풍(雪寒暴風)도 이겨내고 해동하는 봄밭에
파릇하니 새싹을 내미는 보리순
쓰라린 고난을 견뎌 온 농부의 마음에도 따순 봄기운을 전해준다

홍매화가지에도 발긋하니 싹 움트는 아침
까치도 봄 타는 손자녀석 늦잠 깨우느라
꺅~꺅 시끄럽다
반가운 손님 올래나 손 이마에 얹고 하늘 쳐다봤더니
입대한 종손이 첫 휴가 온다는 소식 왔다

대문 밖 휘 늘어진 수양버들 가지도, 앞뜰 진달래 가지도
눈빛 틔우고 봄소식 한창이다

미륵 골 동구 밖 이장댁 유씨 종가 묘지에도
할미꽃 군락이 한창이다
미륵골이 온통 봄 잔치다

따다딱, 졸졸졸

겨울 잠 깨어 작은 눈 비비는 개나리
마디마디 노란 불 밝히고
하품하며 봄소식 전한다

양지바른 산골 실개천 얼음장 밑에도
따다딱, 졸졸졸
봄 깨는 소리 요란하다

꽃 진 자리마다 연둣빛 잎 돋우며
아랑아랑 아지랑이 한 떼를 몰고 오는 전령사
늠름하고 고독하다

눈 비비고 깨어난 복수초도
늦을세라 소스라치자
갖가지 야생화들도 앞다투어 선잠 깨난다

여리여리 어린 솜털로 하품하며 기지개 켠다

만물이 소생하느라 시끄러운

봄 소리

천지가 뒤뚱,

영리한 바보

매화꽃 피는 봄날 이른 아침
옥상 텃밭에 도라지씨 파종하는데
꺅꺅, 새 우는 소리에 뒤돌아보니
집 앞 전주 꼭대기에 앉은 까치 한 쌍

한 마리는 전선에 앉았고
다른 한 마리는 전주(電柱)꼭대기에 앉아
물고 온 나뭇가지로 집 짓는다
대기하던 부부 까치
교대로 집 지어 완성될 무렵
희소식 전해주던 길조(吉鳥)가
예언 능력 소실되어 해조(害鳥)로 버림받아

철거될 줄 모른 채 집만 짓다가
까치집 완공이 될 무렵

느닷없이 119 전공(電工)이 철거한다

촛불도 없이

머리띠도 두르지 못한 채

제 집 위를 휘휘 돌며 꺅~꺅 울기만 하는

저 미련한 시위

민들레

은데미공원 앞 정류장 인도변에
보도블록 틈 비집고 얼굴 내민 민들레
노란 새싹과 꽃대가 몸 비틀며
언 땅을 밀고 나왔다

꽃대 끝마다 하얗고 노란 꽃 피어
후손 대 이으려고 홀씨 만든다

관모 달린 홀씨는 바람 따라 이 땅 저 산 훨훨 날아가
밟히며 일어서며 자란다
척박한 땅에서도 제 뿌리를 내리며
널리 후손을 퍼뜨리고 있다, 지극하다

복수초

산골 깊숙이 양지 바른 바위아래 복수초 피었다
앞질러 선 잠에서 깨어나 봄 시새움 하듯 기지개 켠다

따사로운 입김에 겨우내 쌓인 눈이 녹고
얼었던 대지도 몸 푸는 소리 즐겁다
하푸하푸 하푸움~
훙겨운 봄 각설이가 산골잠을 깨운다

틈새 뚫고 세상 밖으로 얼굴 내민 꽃잎
꽃샘바람에 노랗게 떨며
이른 상춘객(賞春客)을 맞아 수줍게 인사한다

동산 골짜기에 외롭게 핀 복수초
혹한을 견디고 먼저 나와
울긋불긋한 세상 소리에 어리둥절하다

기구한 홀씨

낮고 작은 민들레꽃 고향 떠나
타지(他地)의 보도블럭 틈 사이에 뿌리내렸다
더러는 뾰족하고
더러는 넓적한 구둣발이
사정없이 밟고 가기도 한다

짐 부리고 주저앉아 신음소리 삼켜가며
가솔들과 노란 모자 꾹꾹 눌러쓰고
나 아직 괜찮아, 손 흔들며 노란 웃음 허공에 날린다

고향의 넓은 들판
눈부시던 햇살
그 많던 친구들
일열 종대 헤쳐 모여
앞으로 갓! 뒤로 돌아 갓!

의기양양 명령하던 바람에 순종하던 그 시절

그저 춤만 추기 싫어

민들레 노랗게 눈 흘기며

낯선 동네로 이사 왔다

잘난 척한 죄 때문에 이 봄도 밟히며 흔들린다

소망

이른 아침 옥상 텃밭에는 아침 이슬이 촉촉하게 내렸다
햇빛을 받은 풀잎이 진주알갱이가 앉은 듯 반짝인다

햇빛 먹고
이슬 먹고 자란
상추, 고추, 도라지들이 몇 밤 만에 쑥쑥 자라났다
벌과 나비도 부지런히 활개치고 날아 와
꽃술에 앉아 달콤한 인사를 건넨다

아침 이슬 머금고 활짝 핀
앙증맞은 고추 흰 꽃, 도라지 남색 꽃
푸른 인사를 건넨다
이 꽃 저 꽃, 날아다니며 세상 안부 전한다

햇볕과 바람이 키워 준 우리 집 텃밭 푸성귀들
오늘도 나를 건강하고 행복하게 해준다

봄맞이 향연

봄을 시샘하는 폭풍설한 몰아 쳐도
봄은 아지랑이와 함께
더운 바람 만드는 요술쟁이 인가봐

겨우내 쌓였던 얼음장도 녹이는 걸
따닥따닥
시냇가 얼음 녹는 소리
꾸르륵 꾸륵 졸졸졸
봄 오는 소리

복수초는 겨우내 산삼 먹고 기(氣) 축적
산기슭 골짜기에 쌓인 눈(雪) 뚫고나와
노란 얼굴 내밀고 보란 듯 미모 자랑이네

바스락 바삭 춘풍에 눈 녹는 소리

기회를 놓칠세라 볼그스레 홍매화
가지 끝에 물 길어 올려 바알갛게 봄소식 전하네

양지바른 산 능선에 바삭 바스락 낙엽 속
헤치고 솟아나온 흰색바람꽃
복수초를 질투하듯
청색꽃술 자랑하며 봄맞이 하네

경칩 지난 산 아래 연못가엔 올챙이들의
봄맞이 향연의 노래
눈물(雪水) 흐르는 꾸르륵 졸졸
봄 오는 소리

아지랑이

봄은 겨우내 잠자지 않고 걸어서
세계 일주 배낭여행 했나봐

다리가 너무 아파 아지랑이
등 타고 날아오는 걸 보면!

아지랑이는 겨울동안 산삼만 먹고
봄 태우고 오는 힘을 저축했나봐!

입춘대길 뒤따라 경칩이 오면
겨울잠 깨기로 약속 했나봐

삼천리강산 곳곳에서 겨울잠 자던
동식물의 단잠을 깨우는걸 보면!

봄은 아지랑이 기운 받아 만물소생

싹 틔우고 울긋불긋 꽃 피우네

처서(處暑) 즈음

도로변에 두서없이 우거진 들풀위에
새벽별 앞세우고
한밤중에 경비 섰던 폭염이 잠 깰세라
발소리 감추며
도둑처럼 몰래 내린 이슬 따라
성큼 가을이 왔습니다

선풍기와 에어컨을 돌려도 자정이 넘어서야
겨우 잠들던
짜증스럽고 지루하던 찜통 더위도 하루 아침에 가고
새벽에는 활짝 열고 자던 창문도 닫아야 하네요

자나 깨나 섭씨 30도를 넘나들며 숨 가삐 혀 빼물고
그늘만 찾던 동네 강아지도 처서(處暑)에게
고맙다고 인사하고

백로(白露)가 무서워 찜통더위도 사라진 채
뭣이 아쉬운 듯
도로변 플라타너스에 앉아
밤낮 구슬프게 울어대는 매미 울음 따라
변함없이 금년에도 가을은 왔습니다

짓궂은 장마구름 걷히고 천고마비(天高馬肥)
소리 소문 없이 우리의 기원대로 가을은 왔네요
따끈한 된장찌개에 열무김치 비빔밥 먹어도 행복한
그리운 사람과 함께 할 가을이면 좋겠습니다

드높은 하늘에 상큼한 공기와 함께 더욱 건강하고
오매불망 기다리던 풍성한 가을걷이로 모든 소망
이루어 화목하고 행복한 가을이면 좋겠습니다

사랑은 고리대금

제철에 맞혀 열심히 일하는 농부에겐
밥 맛, 잠 맛도 좋아
잡념의 잡초 자랄 틈도 없다
정성 다해 씨뿌리고 사랑으로 가꾸면
농작물도 사랑 먹고 무럭무럭 잘 자란다

가을이면 고개 숙인 벼이삭이
황금들판으로 물들어
고된 농부의 얼굴에 웃음꽃 피워
지난 계절의 고됨도 잊게 한다

뒤뜰 언덕 위 사과밭엔
농부의 정성과 사랑 먹고
탐스럽게 익은 과일이 농부를 환하게 웃게 하네
연지 곤지 찍은 사과 수줍어

얼굴 붉혀 인사한다

사람도 동식물도 서로 믿고 정성 다하면
받은 사랑 잊지 않고 몇 배로 보답한다
사랑은 고리대금
우리가 먼저 아낌없는 사랑하자

가을을 보내며

가을은 마음과 물질 모두를 푸짐하게 수확하는
황금의 계절이다
천부(天賦)의 권능이시다

오색으로 물들어 가득 찼던 황금벌판도
여름내 땀 흘려 애쓴 농부에게
몇 배로 갚아주는 약속의 계절이다

가을 가고
오색찬란한 단풍을 자랑하던 나무들
심술궂은 불청객 찬바람에
그 화려함이 후두둑 떨어져 낙엽으로 나뒹군다
앙상한 나무들의 발을
오색의 이불 되어 덮어준다

삼라만상의 사물들이 근본을 찾아가는 계절
만추(晩秋)다

만물들의 생애(生涯),
그 통로를 되돌아본다

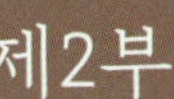

제2부

천수답의 시간

© 유현숙

메밀꽃 피는 천수답

봉성리 군다리골 도랑에 보뚝을 막아
용두레 터 잡고
어설픈 용두레질로 못물 퍼 올리던
아버지의 다랭이논
손바닥만한 못자리에 하늘을 바라보며
늦모라도 심을까 기우제(祈雨祭) 올리지만
논바닥은 쩍쩍 갈라지기만 한다

마지못해 메밀씨라도 뿌리려고
삐뚤한 논바닥과 말라 갈라진 못 자리를
쟁기로 갈아엎으며
이랴, 쯧쯧!
애궂은 소에게 으름장 놓던
아버지 목소리, 지금도 생생하다
말라 굳어진 흙덩이를 햄머로 깨고 써레로 고르며

까슬한 메밀 씨를 한(恨) 뿌리듯 휙휙 뿌리시던
아버지 가슴은
논바닥처럼 갈라 터져있다

여름 지나
메마르게 자란 붉은 잔가지에도
깊은 주름, 검은 얼굴의 아버지 애 탄 가슴에도
메밀꽃 눈부시게 피었다
다랑이논 층층계단마다
아버지가 하얗게 손을 흔든다
메밀향기 다정하다

아버지의 아내

메밀 추수 끝나면 후년엔 적기(適期)에 비 내려
천수답(天水沓)도 풍년 되게 애원(哀願)하며
두 손 비벼 치성 올리시던
그녀의 비손

한겨울이면 사랑방 어르신들께
메밀묵, 배추김치에 닷 되들이 막걸리 주전자까지
푸짐한 야식상(夜食床)을 아낌없이 올리던
두곡(斗穀)을 아낄 줄 모르는
그 후한 정경이 그립다

삼베중의를 무릎까지 걷어붙이고
갈라터진 다랑이 논바닥에
용두레질하던 아버지 가슴에
어머니, 그녀는 언제나 천수(天水)다

아버지의 추억

비바람이 불고 장마가 와도 뙤약볕에 논바닥이 갈라져도
아버지는 한결같이 한 생을
이른 새벽부터 일어나 별빛과 눈 맞추며 집을 나선다
한 손에는 쟁기 들고 다른 한 손에는 소고삐 잡고
이랴, 워-워
비탈길을 오르신다

가뭄 끝에 단비 내리면
목말라 애타던 벼이삭에도 생기가 돋고
벼농사에 적기(適期:golden time) 놓칠세라
앞들부터 미륵골 다랑이논까지
오르내리느라 쉴 틈 없이 바쁘다

뒷동산에 오색단풍이 물들면
동구 밖 들녘에는 황금물결로 출렁이고

씨 뿌리고 거름 주며 해충 잡아 키워준 양지마을 사람들께
출렁출렁 고개 숙여 벼이삭들 답례한다

마을골목도 논배미도 눈에 잡힐 듯 환한
내 고향 봉성마을
가을 하늘에 총총이 빛나던 별들이며
천직으로 여기고 한평생 묵묵히 농사일에
허리가 휘던 봉성양반

“내가 살아온 그림자도 닮지 말라”던 그 말씀
양지마을 뒷산에서 잠드신
아버지 그림자가 한없이 그립다

- 〈2019년 경기복지재단 문예공모〉 우수상(경기도지사장상)

어머니의 손

젊은 날 곱디곱던 어머니의 손등에
시퍼런 정맥이 구불텅구불텅 길을 내고 있다
체중은 줄고 굵어진 손가락 마디마다 깊게 골이 졌다

손바닥에 박힌 굳은살은
마치 역도선수나 기계체조 선수 같다

다섯 가족 삶의 흔적이 덧쌓인 어머니 두 손에
애환의 눈물이 옹이 되어 얼룩져 있다
우리 가족의 역사책이다
삶의 길을 낸 지리서(地理書)다
우리 4남매는 어머니의 역사책과 지리서를 읽으며
반듯하게 자라났다
그 무엇과도 대신 할 수없는 어머니라는 교육박물관!

어머니의 깊은 주름과 굳은살과 간절한 기도로
우리 가족은 흐트러짐 없는 자수성가의 길을 걸었다
축복의 삶을 살고 있다

저 하늘에서 내려다보시는 어머니!
못 다한 효, 기도로 올립니다
사랑합니다

어머니의 일생

어머니는 쌀밥을 싫어하는 줄 알았습니다
쌀밥은 아버지와 맏아들 저에게만 주고
어머니는 끼니마다 늘 보리밥만 드셨습니다

어머니는 비빔밥을 좋아하시는 줄 알았습니다
조금 지은 더운밥은 아버지와 맏아들 저에게만 주시고
찬밥에 나물무친 비빔밥을 자주 드셨습니다
어머니는 생선 머리살만 좋아하시는 줄 알았습니다
생선 가운데 토막살은 가장이신 아버지께 주시고
꼬리는 네 남매 몫이고 어머니는 생산대가리만 드시니

뙤약볕에 콩밭 메고 땀에 젖어 물로 배 채우고
삼베 보작에 주먹밥 한 덩이로 점심을 때워도
어머니는 그래도 되는 줄만 알았습니다

삼사월 보릿고개 초근목피(草根木皮)로 연명하며
허리띠 졸라맬 때 먼저 먹어 생각 없다 어린자식 다 먹이고
어머니는 굶어도 되는 줄 알았습니다

아침식사 지으셔서 아버지 밥 퍼주시고 사남매 밥
퍼주시면 남은 밥 얼마일까 밥솥에 물 부어 누룽지로
식사하니 자식 배부르면 어머니도 좋은가봐

한평생 밭 메고 흙과 싸워 손발톱이 다 닳아
심신이 아프던 어머니
전화 없어 외가댁 안부 못 전해도 무소식이 희소식이라는
어머니의 말씀에 삼사년을 안가도 되는 줄만 알았습니다

새벽 단잠 깨신 어머니 부엌에 나가 정한수 떠놓고
외할머니 외할아버지의 만수무강을 빌며 흐느껴 우시던
어머니를 본 뒤엔
그렇게 사시면 안 됨을 깨달았습니다

팥죽

동짓날이면
정성껏 쑤어 주시던 어머니의 팥죽

찹쌀가루로 동그랗게 빚은
하이얀 새알심이 든
불그스레하고 걸쭉한 팥죽 맛
지금도 혀끝에 남아 감돈다

세월이 흘러
해마다 이맘때면
동짓날은 어김없이 찾아오는데
그날 팥죽을 맛나게 쑤어주시던
어머니는 아니 계신다

억만금을 주고도 울어머니표 팥죽은

맛 볼 수 없다
창밖만 바라보며 아득하게
그리운
새알 팥죽 한 그릇

가마솥 부뚜막에 똬리 깔고 앉아
매운 연기에 눈물바람으로 쑤신 팥죽
동지 혹한(酷寒)도 무색하게 하던
호호 불며 퍼먹던
뜨겁고 달콤한 어머니의 情

물길

늠름(凜凜)한 바위산에게
첫 눈에 반해서
급류되어 밀려온 장마 끝 물줄기
바람 따라 날아온 소문만 무성하다

휩쓸려 떠 내려와
바위틈에 머물며 아양 떨지만
본 척 만 척 냉정한 푸대접에 정 떨어졌다
돌아가려 뒷걸음치는데
천 길 만 길 바위 끝으로
물거품 되어 부서진다

마음 고쳐먹고 정신 차리고
물길 따라 순리 따라 천천히 흘러가는 길에
가슴 넉넉한 복 바위를 만나

따스한 품에 안겨도 보고
넉넉한 욕조에 담겨도 본다

물소리, 밤새 베개 밑에 훙건히 고여
네 정, 내 정 적시다가
살그머니 바위 틈새로 스며
나무들 잔뿌리를 적셔준다

찾아오는 가을길이
내 앞의 황혼길이 또한 아름답다

비울 때가 아름답다

가뭄 끝에 내린 단비에
연잎은 반가워 빗물을 받아 품는

품 안 가득 안은 빗물에 제 몸 못 가누고 출렁거리면
심술쟁이 바람이 불어와 연잎을 흔들어댄다
맑고 투명하게 빛나는 물방울을 아낌없이 쏟아낸다

쏟아진 윗물이 아래 연잎에 고이고
그 물방울 넘치고 일렁이다가
다시 아래 연잎도 휘청, 미련없이 쏟아낸다

가뭄을 대비하고 욕심껏 빗물을 품에 안아보지만
잎이 찢어지고 줄기가 꺾인다는 것을 연잎은 이미 알았다
연지(蓮池)에 오래 몸 박고서 익힌 지혜

세상사 모든 사리(事理)도 연잎과 같아
과욕은 모자람만 못 하다했으니
비울 줄 알아야 새롭게 채워지는 것

영육을 무겁게 짓누르는 욕심에
한때 눈도 마음도 멀었던 적 있다
이른 아침 차 한 잔을 마주하고
비우면서 피우는 연꽃의 향기를 생각한다

황혼길

달리는 세월에 몸을 싣고
맺어진 가족이라는 인연으로 사느라
허둥지둥 앞만 보고 달렸다

허리띠 졸라매고 자식들 키우고 짝 지워 내보내니
머리엔 하얗게 성에가 앉았다
직장도 은퇴하고 하릴없이 걸어온 길 뒤돌아보며
옛 친구들 생각에 밤을 샜다
지금은 모두 어디서 어떻게 지내는지
젊은 날의 추억이 아련하다
이곳저곳 수소문 해보니 더러는 흙으로 돌아가고
더러는 거주지 불명이며, 더러는 노환으로 입원요양 중이란다

1년에 세 번 정도 애써 모이면 그래도 십여 명이 참석했는데
지난해엔 7~8명만 모였다

해마다 줄어들고 있다
화제(話題)는 건강과 불참 친구들의 안부 묻기가 고작이다
팔십 줄에 안 아픈 게 비정상(非正常)이라 하니
이렇게라도 만날 수 있음에 다행이라 여겨야 할까

엎친 데 덮친다고 코로나까지 기승을 부려
백발의 노인들을 공포 속에 몰아넣는다
느리게 걷고 있는 황혼길이 불안하기만 하다

창조주님 어떤 역경도 견디고 감사하면
더 좋은 수수만 배의 축복을 약속 하셨으니
하루속히 지구상에서 코로나가 전멸토록 기적 같은
축복을 주옵소서

무사고 즐거운 여행

세월아, 너는 참으로 갸륵하구나. 약속만을 지키려는 변함없는 마음은 너 밖에는 없구나.

그런고로 너에게 온 세상이 인정하고 선망(羨望)하는 노벨상을 주어도 아깝지가 않구나. 하지만 과속사고 날까 두렵기도 하단다.

올 연말은 너무 빨리 찾아왔구나.

조물주와의 약속을 지키려고 365일 쉬지도 않고 달려왔는가, 노동조합 가입도 못한 채 근로기준법도 모르는 바보이더냐.

세월아, 너와 내가 만난지도 어언 이만구천구백일이(29,900일)지났다.

이만구천이백일(29,200일)이 지나면서부터는 너의 속도가 내가 체감하기로는 시속 100km이상으로 과속하는 것 같구나.

세월아, 교통법규 잘 지키며 여기까지 달려왔는지 묻고 싶구나.

세월아, 친구야, 경치 좋은 졸음 쉼터에서 잠시 쉬어 가자.

너와 동승하여 함께 여행하는 내가 자꾸 과속을 느껴 어지럽구나.

세월아, 부디 부탁인데

너랑 나랑 쉬엄쉬엄 풍월도 읊어가며 장거리 인생여행 무사고로 한 백년 살아보자.

이별 _정유년

새해엔 소중한 계획 세워 꼭 지켜서
실행 하려고 다사다난 했던 한 해를 허둥지둥
달려와 정유년 종착역에 닿아보니
흘러간 세월이 내 발목 잡아
재회(再會)없는 역사 속에 매장(埋藏)해 놓고

되새기고 간직할 겨를도 없이
어리둥절 정유년도 세월 속에 묻혀간다
쉼도 고장(故障)도 과로(過勞)도 없이
시간은 계속 흘러 맘속에 꼭꼭 숨긴
내 인생의 역사를 한 장씩 넘겨본다

만남과 헤어짐을 거듭해온 나의 삶은
하나를 얻고 하나를 버리는 인생이지만
뭘 얻음보다 잃은 것을 먼저 생각하며

내 생활을 그려넣는 일기장에는
버릴 것을 꼼꼼히 기록하고 싶다

생존과 삶이 다 중요하지만
그중 하나만 택한다면
현 생존에 의미를 더 소중히 여기고 싶다.
나는 복잡했던 정유년을 보내면서
뭘 버려야 하는지 고심(苦心)해 본다.

이별 _기해년

한 해가 저문다고 조바심하기보다
남아있는 시간에 감사하게 하소서

한 해 동안 받은 온정(溫情)과 사랑만이 아니라
상처 받았던 사연도 겸허하게 받아들이게 해 주소서
아부틸론 꽃그림 곱게 그려진
정성 담긴 카드 한 장 나누고 싶은
12월이 가기 전에
겨자씨만큼이라도 은혜 갚는 시간되게 하소서

종착과 시발의 교차로에 서서 이제 다시
홀로 걸어가야 하는 길
분별없었던 일들, 사소하고 가볍게 여겼던 약속들
이웃과 친구에게 마음 닫고 살았던 적 없는지
그간의 일들 되돌아봅니다

얼마 남지 않은 내 앞의 시간 동안은
나눠 쓰며 배려하며 이해하게 하소서

눈뜨고 귀담아들어 할 말도 많은
소란스러운 세상이지만
마음 가다듬어 맑은 정신으로 살게 하소서

다사다난했던 기해년(己亥年) 달력을 떼어내고
대망에 찬 경자년(更子年) 새 달력을 달며

"빨리 가라 복잡했던 옛 시간이여!
어서 오라 대망(大望)에 찬 새날이여!

제3부

익어가는 길

5월의 기도

수많은 꽃과 초록이 지천으로 수놓는 오월
교만과 허욕으로 나를 힘들게 합니다.
서로 싸우지 말고 사랑과 믿음으로 하나 되게 하소서.

물질적인 풍요보다 마음의 풍요가 더 귀함을 알게 하시고
욕심 때문에 가족과 친지, 이웃에게
아픔을 주지 않게 하소서.

비록 나에게 주신 것이
"겨자씨"처럼 작고 가벼울지라도
진심으로 감사하는 마음으로 살게 하소서.

나를 위해 남이 존재하기보다는
남을 위해 내가 존재한다는
기쁜 맘으로 봉사하게 하소서.

서로 믿고 사랑하며
남이 잘못했을 때 욕하기 보다는
용서하고 격려하며 포용(包容)할 수 있는
바다처럼 깊고 너른 맘으로 살게 하소서.

노력 없는 결과는 바라지 않고
세상 모든 일을 성실하고 올 바르게 살게 하소서.

많은 사람에게 자랑 할 일을 하기보다는
보이지 않는 작은 일이라도 즐겁게 할 수 있게 하소서.

나의 능력과 지혜(智慧)가 나만을 위한 것이 아니고
우리 모두를 위해 주신 것임을 늘 잊지 않게 하소서.

지금까지 나 자신만을 위한 기도였다면
이제부터는 다른 이의 건강과 소망
그리고 나라의 안보와 평화를 위하여 기도하게 하소서.

서로 이해하고 용서하며

창조주가 보시기에 참으로 보기 좋구나! 여기시도록

따뜻한 가정을 이루며 살게 하소서.

나의 보배

주님, 당신은 그 어떤 금은보화로도 바꿀 수 없는 보배를 저에게 주셨습니다.

내 마음 깊은 곳에 감추어 두지만 나는 자꾸 자랑하고 싶고 구원 받지 못한 세상 사람들께 나눠 주고 싶으며 볼 수도 만질 수도 없는 당신이 주신 오직 하나 뿐인 이 보배를 감사하며 받았으나 혹여 잘못 관리하여 흠집 나고 세상 때라도 묻을까 두렵습니다.

한도 끝도 없는 그 큰 사랑의 보배, 세상 끝 날까지 말씀에 순종하고자 구원 받지 못한 이웃에 주님의 말씀 증거 전달에 최선을 다하여 베풀고는 있지만 늘 아쉽습니다.

먼저 소천(所天)한 저의 처(妻) 강 집사로 심한 상처받고, 한때는 당신을 불신하고 원망하며 믿음생활을 회의(懷疑)한 적도 있습니다.

그때 목사님과 어머니의 간절한 권유가 있어 성경도 읽고 어머니 따라서 새벽기도도 드리는 중에 진정한 감사를 배웠습니다.

비로소 당신을 확신(確信)하게 되었습니다.

그럼으로 창조주 당신이 주시는 고난(苦難)과 역경(逆境)은 원망과 회의(懷疑), 궁핍(窮乏)과 실망(失望)만을 주는 것이 아닙니다.

모함으로 감옥살이와 노예생활 중 고난과 역경을 인내(忍耐)와 숙련(熟練)으로 믿음이 더욱 성숙하여 하나님으로부터 쓰임받는 한 나라의 총리가 된 "요셉"이 대표적 인물입니다.

주님 만난 이후로 나의 사사로운 욕심 내려놓고 힘 닿는 데 까지 봉사와 후원으로 보배로운 주님의 은혜에 미약하나마 보답하고자 합니다.

지금까지 배우고 쌓아온 제가 알고 있는 지혜와 기능을 아낌없이 이웃에게 나누어 함께 쓰겠습니다.

사랑합니다, 주님!

우국충정(憂國衷情)을 기리다

기해년(己亥年)의 해가 지고 있습니다.

저마다 맡은 바 소임을 다하며 살아왔건만 서민들의 주머니는 팍팍하고 곤궁합니다. 그래도 전년도 국민소득은 3만불이라 하니 먼 동네 이야기 같습니다.

겉으로 보이는 휘황한 불빛과 사상누각 같은 허명으로 우리 앞의 현실을 잘못 읽고 있는 저들에게 조명등과 나침판, 그리고 지혜로운 독수리의 날개를 허락하시옵소서.

일제 36년의 강점기와 한국전쟁 때 초근목피(草根木皮)로 연명(延命)하면서

총알이 우박처럼 퍼붓는 전쟁터에서도 어머니 손 꼭 잡고, 아버지 등에 업은 아기 버리지 않고 여기까지 왔습니다.

다른 사람들 편하게 쉴 때 열심히 종종걸음 했고, 그들이 걸을

때 앞만 보고 뛰었습니다.

쉼 없이 미련하게 달려왔는데 이대로 벼랑으로 떨어질 순 없습니다.

천지(天地)를 만드신 조물주 하나님! 저들은 위험한 절벽을 보지 못하고 깊은 낭떠러지 또한 보지 못하며 오만과 편견으로 눈앞에 보이는 것이 젖과 꿀이 흐르는 옥토(沃土)인 줄로만 여깁니다. 이 착시에서 깨어나게 하소서.

동족인 북한이 핵폭탄을 만들어도 놀라지 않고, 2019년의 잠정 수출액이 6000억 달러가 넘어도 기쁜 줄 모르고 있습니다.
거짓 선지자(先知者)들을 과신(過信)한 탓입니까. 저혼자 좋은 곳 가려다 잘못 선택한 길입니까.

저들에게 현명한 조명등과 나침판 그리고 지혜로운 날개를 주시옵소서.

정치의 지지 기둥이 좀 더 기우뚱 해도, 시장경제의 지붕에 기준이상의 구멍이 뚫려도, 법(法)과 안보의 철조망보다 무리한(無

賴漢)들의 신장(身長)이 3cm만 더 커져도, 그때는 천인단애(千仞斷崖)의 나락(那落), 방위 시기는 이미 돌이킬 수 없이 늦은 때입니다.

우리 자유대한민국 현재의 근황을 하나님께서 너무나 잘 아시기에, 노아의 방주제작을 명하셨듯이 천지를 휩쓴 대 홍수에도 노아의 가족 8명과 지상의 각종 새와 동물들을 그 방주에 태워 살리셨던 것처럼 저희들을 불쌍히 여기시어 위기에 처한 조국을 구국(救國)토록 강하고 지혜로운 독수리의 날개를 주시옵소서.

어떤 찬가(讚歌)

노인의 인생관은 오랜 세월이 흘러 쌓이고 쌓인 마음속에서 우러나오는 사랑의 씨앗,

장소와 그 누군가를 가리지 않고 그 장소 그 누구에게나

꼭 필요한 사람이 되라는 조물주의 말씀 따라 살아온 우리들 인생인가 합니다.

그리고 틈과 빈 공간이 있는 여유로운 사람이 되라.

그리하면 그런 사람에게는 누구나 접근하여 그 사람의 마음속을 비집고 들어갈 수 있고 서로 소통할 수 있어 서로가 망설임 없이 마음을 주고받을 수 있어 공동공생, 사회에 없어서는 안 될 꼭 필요한 사람이 되어 평화롭고 행복한 노후생활을 누릴 수 있는 노인이 아닌 존경 받는 어르신이 되실 것을 확신합니다.

애드벌룬

언제나 환하고 밝은 당신은 나의 천사입니다
처음 본 그 순간부터 마음 졸이며 바라 본 150여 시간
어디서 무엇을 하셨나요
이제 잡은 손, 잠시도 놓지 않겠습니다

크도 작지도 않은 적당한 체격과 키
화장기 짙지도 않은 수수한 차림새
동방, 그것도 이 땅 종가의 맏며느리 같은 자태는
내가 사모해 온 당신이었습니다
이제 나는 당신이라는 우물에 빠졌습니다

늠름하고 의롭고 따뜻하고 친절한 당신
남은 시간을 함께하는 동행이었으면 좋겠습니다

당신은 나를 애드벌룬에 띄워
허공을 날게 한 영원한 로망입니다

백년인생을 살아가는 처방전

아침 눈을 뜨면 오늘도 살아 있음에 감사하자
마음의 문을 활짝 열면 좋은 친구 동행하는 행운이 따른다

다정한 미소로 활기차게 문을 여는 아침과
최선을 다해 열정으로 일하는 한낮
저녁이면 웃으며 귀가하고
숙면(熟眠)으로 밤을 보내고 나면 심신(心身)이 건강하다

환한 미소는 집안을 들여다보는 천사이며
화기(和氣)찬 웃음은 남향집에 스며드는 햇볕이며
장미꽃 얼굴의 향기로운 마음은 평생을 함께한다

하루를 주신 조물주께 감사하고
오늘 할 일 내일로 미루지 말고
늘 꿈꾸는 일상이 되게 하소서

장미꽃 일만 송이도 물 없이는 오래 못가고
마음에 피어나는 한 송이 꽃은 백년의 향기를 풍긴다

산소는 평생 마시는 상비약(常備藥)이고
환한 미소(微笑)는 행복의 안내자(Guide)이며
믿음, 소망, 사랑의 처방전으로 백년의 삶이 건강하다

웃음바이러스

사람은 웃을 일이 있어 웃는 것이 아니라
웃어야 웃는 일이 생긴다

웃음은 전염성이 강한 바이러스 인가봐
한사람이 웃으면 앞, 뒤, 옆, 모두 다 웃으니까

소문만복래(笑門萬福來)라고 웃으면 만복이 오고
만복이 와서 행복하고
행복(幸福)하면 건강(健康)도 따라 온다

행복하고 건강하면 사랑도 함께 오고
사랑이 찾아 들면 또다시 웃음꽃이 만발하게 된다
웃음은 신이 인간에게 내린 축복

얼굴 가득 미소가 가득하면 대한민국 가가호호

화목가정(和睦家庭)이 된다

만개한 웃음이 피운 우리 동네 글로벌 평화마을

미소(微笑)로 소통하는 미소(美蘇)지구마을 이루세

세월에 익어가다

시간이 흐르며 내가 익어간다
익어간다는 것은 잃어버리는 것이 많다는 것이다
잃어버리는 것은 비우는 것이다

더는 잃을 것이 없는 이제야
내가 설자리
어디인지 뒤돌아본다
바삐 걸어온 길 저만치에 홀로 외롭게 서 있는 나

외롭고 갈증 나던 어느 봄날 저녁
심술궂은 춘풍(春風)에 갈팡질팡 흩날리던 저 꽃잎
얼마나 억울하고 서러웠을까
걷잡을 수 없이 타 오르듯 한여름의 뙤약볕
그 볕에 타버린 나무 잎은
누굴 원망할까

초목 잎새는 순리에 순응(順應)했을 뿐
지금은 더 이상 잃을 것이 없는 때
이 세상에는 하나의 생명만이 붙어 있을 뿐
종자와 낙과(落果)들
지상으로의 마지막 투신(投身)을 종말(終末)이라 서러워 말자

종말(終末)이란 이별이 아닌 것
빛과 향의 어울림으로 또 다른 만남이 되는 것을

세월이 흐른다고 내 안의 것들을 잃는 것이 아니라
아름다운 성숙을 위해 조용히 여물어 가는 것

비움은 완벽한 익음 아니겠는가

이웃

아파트 같은 동 옆집에 살아도
이웃 생각하는 맘이 없다면 마음 밖의 남이고

천리 밖의 먼 곳에 살아도
내 맘속에 있다면 가까운 친구다

사람과의 친근(親近)관계는
물리적 거리가 아니라
상통하는 마음의 거리에 있다

서로 속엣소리 들어 주고 이해하는 친구
포근한 온정(溫情)으로
상처 받지도 상처 주지도 않는 사람

그런 맘을 가진 이웃이 좋다
그런 마음을 나눠 주는 이웃사촌으로 살고 싶다

그런 친구였으면

구름 한 점 없는 가을하늘처럼 청명하게
새벽이슬처럼 맑고 투명하게
보고 있어도 보고 싶은
그런 친구였으면 좋겠다

묵정밭에 핀 이름 모를 잡꽃이
옹기종기 기대며 피어 꽃밭이 되듯
명지바람에 지향(指向) 없이 날아가는 민들레 홀씨가
낯선 땅에서 소박하게 정박하듯
믿음과 소망으로 꿈을 꾸게 하는 사람
나는 너에게 그런 친구이고 싶다

세상살이 뜻대로 되지 않아
아픈 가슴 안고 험한 가시밭길 헤맬 때
다정하게 품어주며

'힘내라!' 한 마디에
믿고 의지 하는 친구가 되고 싶다

파도치는 험난한 인생길에 등대가 되어주는 사람
함께 웃고 함께 그리워하고 함께 슬퍼하고
함께 울어 주는 사람

너와 나는 세상 끝 날까지 변함없이 사랑하는
그런 친구였으면 좋겠다

- 〈2020년 경기복지재단 문예공모〉 우수상(경기도지사장상)

귀 기울여 마음 기울여

함께 이야기해요

당신 등짐 나누어져요

-<부천 2020 자살예방센터 표어 공모전> 최우수상

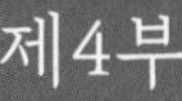

제4부

살며 사랑하며

© 유현숙

부천내동교회 봉사활동

"정성 담은 삼계탕 맛있게 잘 먹었습니다"

부천내동교회 동네 어르신 350명 위한 중복 음식 대접

"히야~ 이렇게 정성이 담뿍 담긴 삼계탕을 배불리 먹은 것은 처음이다!!"

중복을 맞은 내동교회(부천시 오정구 수도로 183번지)가 동네 어르신 350명에게 직접 끓인 삼계탕을 대접해 화제가 되고 있다. 지난 7월 26일 오전 11시 30분 내동교회에서는 70세 이상의 동네어르신들을 초대해 삼계탕과 떡, 수박으로 상을 차려 대접하고 기념품으로 수건을 증정했다.

또한 내동행정복지센터와 협조하여 거동이 불편한 독거노인

30명을 위한 삼계탕과 반찬, 후식도 전달했다.

"요즘 같은 불경기에 많은 어르신들을 안내하면서 미소로 대접하는 모습에 함께 했던 사람들의 마음도 찡해졌다."

"친부모 모시는 마음 못지않은 따뜻함에 동네 어르신들은 폭염도 잊은 듯 흐뭇한 표정을 지으셨다."

이번 행사에 참여한 교회 봉사자들은 한결같은 목소리로 그날의 모습을 전달했다. 오정노인복지관 박진순(79)씨 및 함께 한 어르신들도 "마냥 행복하다"고 말했다.

올해로 창립 66주년을 맞은 내동교회는 지난 2015년부터 동네 어르신 초청 경로잔치를 계속해오고 있다. 2006년부터는 도당산 장미공원에서 독거노인과 불우이웃 500명을 대상으로 매달 2회의 국수 무료급식을 하고 있으며, 부천시 오정노인복지관 어르신들을 위해서는 한 달에 두 번의 배식봉사도 해오고 있다.

2009년부터는 부천관내 북고등학교와 도당고등학교 재학생들에게 연 2,700만원의 장학금을 후원하고 있으며 2016년 6월에는 50대의 윤 모 씨에게 폐이식 수술비 800만원을 기부하여 훈훈한 미담을 이어오고 있다.

-2017. 7. 26 오정노인복지관『정情』소나무 기자단

-내동교회: 어르신들 식사대접 장면

-내동교회: 장학금 전달식

노인의 인권보장에 대한 교육의 필요성

'노인 인권'이라 하면 10년 전만 해도 생소하고 무슨 말인가 이해가 쉽지 않았습니다. 2008년 9월 22일자로'노인 인권보호전문센터'가 설립되어 노인 인권에 대한 홍보와 인권침해, 학대의 예방 및 사후 처리 활동을 전개하면서부터 조금씩 알려지게 되었습니다.

노인 인권이란 '노인이 인간다운 노후생활을 영위하는데 필수 요건인 모든 권리'라고 말 할 수 있으며 좀 더 구체적으로 말씀드리면 노인의 인간존엄성 보장을 위한 기본적 개념으로써 노인이 사회적, 신체적, 정신적으로 취약한 특성을 가진 존재자로서 보호와 도움을 받으며 노인답게 살 수 있는 기본적 권리하고 할 수 있습니다.

급속한 경제성장으로 산업화되어버린 현 사회구조에서 노인 인구의 빠른 증가는 설 자리를 잃게 되어갑니다.

사회라는 집단 속에서 노인으로서 노인답게 대우 받기는커녕 그 인권이 무시되는 듯한, 노인인권의 문제가 대두되고 있으며 노인 스스로가 당연히 가져야 하는 자연, 사회적으로 처우 받아야 할 것을 제대로 누리지 못하는 상황으로 점점 약화 되고 있습니다.

이는 노인에 대한 사회적 인식의 부족과 세대 간 관념의 심한 격차로 인한 것으로 봅니다. 노인대접을 받지 못하는 현실을 어르신들 스스로가 자각하여 주어진 노인인권을 사수하고 보장받는데 최선의 노력을 해야하며 국가와 사회의 지지와 지원이 여실히 필요한 때라고 생각합니다.

노인이 사회적으로나 신체 · 정신적으로나 취약한 특성을 지닌 존재자로서, 사회로부터 보호와 수발의 도움을 받으며 노인답게 노후생활을 누릴 수 있는 기본적 권리를 보장받아야 한다고 봅니다.

노인을 보호 관리하는 각 기관으로부터, 잘 드러나지 않지만 내면적으로 깊숙이 들여다보면, 노인인권 침해가 있습니다. 뿐만 아니라 가족으로부터 받는 학대 또한 심각한 수준이며 이는 84.3%(아들학대가 90%)나 된다합니다.

국가는 시급히 노인인권교육과 인성교육을 전 국민에게 의무교육화하여, 예로부터 전해 내려 온 우리의 전통 유교정신이 살아있는 나라, 우리들의 아이들에게 효행사상이 깊이 인식되어, 노인학대라든가 가족학대라는 불명예스러운 말들이 사라져야 한다고 봅니다.

그러기위해서는 무엇보다 노인복지법의 신설, 개정이 우선되어야 하며, 이러한 인성 교육시행에 박차를 가하여야 한다고 사료됩니다.

- 부천시 오정노인복지관『정』노인인권 지킴이

거듭 태어나다

1965년 내가 대한석탄공사 도계광업소 생산과장으로 근무할 때 일이다. 그 당시의 사회현상으로 볼 때 직장에 소속되어 봉급생활을 하는 사람들은 그나마 손바닥만한 밭농사나 산나물을 채취하여 생계를 잇는 사람들보다는 훨씬 윤택한 삶이었다.

땅 속에 묻혀있는 석탄을 캐내는 일, 산을 뚫은 갱 속으로 들어가 채굴을 하는 열악한 환경이었지만, 일을 한 만큼 급여가 지급되는 그 당시의 현실로는 생활이 해결되고 그나마 알뜰하게 돈을 모을 수도 있어, 내 가족과 함께 밝은 내일을 꿈 꿀 수 있는 유일한 생계수단이었다.

그 무렵 삼척의 하장리에서 고랭지 배추농사를 짓고 있는 2년

선배가 있었다. 그가 나를 찾아와 이종 4촌 동생 구 씨를 소개 하면서 대한석탄공사 도계광업소에 취업 부탁을 했던 것이다.

그 당시 도계광업소는 탄광으로는 꽤 큰 영업소에 속했으며 도계의 인구 또한 2만여 명이나 되는 큰 탄광촌이었다.

도계 탄광에서 일하는 직원 및 광부들이 1000여명이나 되었으니 도계광업소의 규모를 가히 짐작할 만 할 것이다.

선배의 부탁을 받고 구 씨의 채탄부 입사를 위한 구비서류 안내를 하고, 며칠 뒤 서류전형 합격 후, 태백시 중앙병원에서 청력, 시력, 혈압 등을 예비 검사하여 '이상없음'으로 판정받았으나 막상 대한석탄공사 도계광업소 부속병원에서 실시한 정밀 신체검사에서는 혈압이 90-130으로 나와 불합격 판정되었다. 혈압은 수시로 10~20의 오차가 있을 수 있다하여 후배에게 부탁해서 그의 형이 운영하는 평강기업(대한석탄공사의 석탄을 운송하는 용역업체)에 석탄 적재부로 취업시켰다.

워낙 성실하고 온순하여 근무성적이 좋다고 소문이 났으나 대한석탄공사의 직원 모집이 없어 내심 모집 공고를 학수고대(鶴首苦待)하고 있던 중이었다. 앞에서도 언급하였듯이 광부 일이라는 게 무척 열악한 환경에서 일하는 힘든 업종이지만, 그 시절 꼬박꼬박 급여를 받을 만한 곳이 없었기 때문에 대한석탄공사의 도계리 영업소는 인근에서 매우 선망하는 직장이었다.

그러한 연유로 경쟁률은 무척 높았다.

이듬해에야 그는 대한석탄공사의 도계광업소 산하에서 생산되는 석탄을 저탄하는 고사리 저탄장서 화차(貨車)적재부로 일하게 되었다.

그의 딱한 사정에 나는 신체 검사비용(당시 삼만원)을 대납해주기까지 했던 것이다.

국수와 라면으로 끼니를 때우고 중노동을 하던 당시 스물 네 살의, 4인 가족의 가장인, 체격 좋은 구 씨는 채탄부로 일하면서(도급제) 다른 채탄부 동료의 20~30%나 더 많은 봉급을 받기까지 했다.

봉급을 받으면 꼬박꼬박 아내에게 경제권을 맡기고 6년간(출근율98%) 열심히 근무를 했던 것이다.

그러던 1972년 8월에 사직서를 들고 와서 빨리 퇴직을 해야 된다고 했다. 그동안 너무 고마웠는데 은혜도 못 갚고 죄송하다면서 눈물을 글썽거리며 말을 잇지 못했다.

이유를 물은 즉 부끄러워 말 못한다며 망설였다.

알고 보니 그의 아내(당시 23세)가 춤바람이 나서 매달 보내 준 월급을 저축은커녕 오히려 퇴직을 해야 갚을 정도로 부채가 오백여 만원이나 된다고 울먹였다.

내가 생각하기에도 뜻밖의 일이고 그 당시 그 돈은 꽤 큰돈이었으며, 일반노무자로선 그 시절의 은행문이 너무나 높았다.

나는 "자네, 아직은 애기들이 어려서 큰 돈이 안들어 갈 것이니, 못해도 매달 20만원 정도는 저축하겠지 싶어, 국민은행 도계지점 저축 담당 대리에게 자네 자랑까지 했는데, 이 웬 날벼락이란 말인가. 순상이 자네가 나에게만은 큰 빚진 동기에 대해 상세히 얘기해줘야 은행 대출 받는데 도움이 될 것 같네. 날 믿고 말해주게나."했다.

한참 한숨을 쉬면서 망설이다가 입을 열었다. 하장리에서 고랭지 배추밭 일을 할 때 사귄, 처의 친구(이모씨)와 서울서 내려와 태백시 화광동에 살던 언니를 함께 취직시켜준다고 하여 1개월 정도 끌려 다니던 중, 술도 배우고 춤도 배우게 되었단다. 키도 훤칠하니 크고 젊은 남자 파트너 세 사람이 한 달 정도는 돈도 잘 쓰면서 70~80만원 월급 받는데 취직 시켜 준다고 했단다. 주로 관광안내, 식당, 미장원, 여관세탁부 등 너 댓 군데를 함께 현장

확인까지 하기도 하면서 밥과 술을 사주더란다. 그렇게 여자들의 마음을 끌었다한다.

그러면서 취직할려면 1달 월급은 교제비로 써야한다기에 취직 알선비 70만원주고 춤 교섭비 월10만원을 지불했는데, 언니 둘은 3~4개월 지나자 행방을 감추고 구 씨 처(당시 24세)만 매월 40~50만원씩 6개월간 받으며 일을 하던 중, 그나마 업주가 그만두라 해서 다른 직장 찾아보자하여 춤 배우고 미장원에서 미용기술을 배우면서 일하고 월 30만원 받고 4개월 지나면서 취직소개비조로 4회에 200만원이나 지불했다한다.

게다가 돈 있으면 월리 10%의 고리를 준다하여 은행에 저축했던 돈까지 인출하여 200만원을 맡겼더니 2개월간은 월 20만원씩 약속을 잘 지켜서 100만원을 마저 줬더니 돈 300만원 받은 남자는 행방을 감추었다. 그 뒤, 남자가 운영한다는 백다방에도 가서 확인해 봤는데 누나의 다방에 있으면서 일도 안하고 춤추고 술 먹고 누나만 어렵게 만들고 갔는데 연락도 모른다고 했다.

그 이후 백방으로 찾았으나 찾을 길이 없어 포기할 수밖에 없어 이혼을 각오하고 애기아빠에게 사실대로 얘기했다는 것이다.

고리 월이자 10%씩 잘 받고 있다며 주변에 자랑했더니, 이야기를 들은 지인도 '나도 해 줄 수 있냐'고 묻기에 지인의 돈 350만원까지 맡겼더니 한 달 이자 35만원(선이자)주고는 자취를 감추었다한다.

한때 통상 "제비에게 잘못 걸렸다"는 말이 세간에 떠돌던 그대로 당한 것이었다.

뒤늦은 후회를 했으나 이미 엎질러진 물이 되고 말았다. "사기 당한 남의 돈 500만원 빚은 갚아야하고, 소문나면 무슨 염치로 도계에 살 수 있겠습니까? 그래서 어쩔 수 없이 사직서를 내는 거"라고 했다.

사직서 제출은 3~4일 보류하고 내가 부채 청산은 은행대출로 처리하고 은행부채는 6년간 분할상환토록 해결해 볼 테니 계속 출근하라고 했다.

광업소 점리항 사무계장에겐 구 씨 사직서 제출하면 나에게 즉시 전화하도록 부탁했다.

입사 후 6년간 성실하고 동료간에 믿음이 좋을 뿐만 아니라 10년은 근속해야 습득할 현장 석탄생산능률 과제반 지주시공기능을 이미 전문가 수준까지 양성된 숙련공(석탄왕)임으로 석탄공사 입장에서도 기능공 1인 손실로 많은 양성시간과 작업능률 손실(동료에 비해 작업 능률 1.3배, 안전도 효율 1.4배, 친고 효율 1.5배)이 큼으로 퇴직하지 않고 유치근속(誘致勤續)토록 권고함이 절실함을 최고 책임자에게 건의하였다.

당사자 구 씨와, 부인, 자녀(자매), 가정파탄예방 등을 고려하여 필자는 기능공 구 씨를 설득하여 유치근속하기로 결심하였다.

그 당시 점리항장(직제개편으로는 현재 부장급)과 경리최고 책임자인 사무부 소장님과 면담하여 은행의 대출을 알아봤으나 주거래은행에서는 구 씨 개인에게는 500만원 대출이 불가하고 석공(石公)에서 변제(辨濟)책임보증을 서면 대출이 가능하다하니 도계광업소에서도 능률 좋은 기능공(양성기간 10년 이상 소요)을 유치시키고, 부인도 개과천선(改過遷善)하기로 굳게 약속해서 가정파탄을 막아주는 걸로 결정하였다.

그렇게하여 일금 오백만원을 대출받는데 성공하였으며 구 씨의 부인은 석탄공사 순직자 유가족이 아니면 취직이 어려운 부속병원에서 세탁부(洗濯婦)로 취업시켜 생계와 대출 상환에 도움이 되도록 해주었다.

그의 아내도 많은 반성과 후회를 하여 짬짬이 여가시간을 만들어서 거동이 불편한 입원환자 간병 봉사하는 일에도 적극 참여하여, 지난 세월에 지은 죄, 춤바람이나 허황하고 무지한 돈에 대한 집착 등을 후회하였다.

뿐만 아니라 열과 성(熱誠)을 다하여 친정모친(60대 노모)께서도 외손주의 학교 뒷바라지에 도움을 주시는 등 회사, 당사자 구 씨, 부인, 장모, 필자(생산과장 김종한)가 오위일체(五位一體)로 하나 되어 최선을 다해 돕고 일하고 봉사하여 이웃과 일터에서는 구 씨 부부에게 이구동성으로 입에 침이 마르도록 칭찬을 하였다.

과거 헛된 춤바람으로 빚까지 지게 하여 망신스러워 쥐구멍을 찾던 구 씨 부인은 후에 삼척군수로부터 봉사상까지 수상하였으며, 대한석탄공사 도계광업소는 우수한 기능공을 유치하여 생산성과(生産成果)를 올려서 좋고 그로인해 한 가정의 파탄을 막아서 칭찬받고, 아들, 딸 남매는 고등학교, 중학교로 진학하여 우수한 성적으로 진학장학금(회사에서는 학자금 지급)까지 받고, 춤바람 났던 부인은 개과천선(改過遷善)하여 살림 잘하여 은행빚 상환하고 현모양처되어 화목한 가정을 이루고, 은행대출 책임보증을 섰던 대한석탄공사(전 생산과장 김종한)는 구 씨 부부 은행

빚 상환 잘하여 빚보증 해제되어 보증책임 면하여 좋고, 모든 일이 잘~풀려 일석이조가 아니라 일석오조(一石五鳥) 됨을 새삼 깨닫는다. 이렇게 어려운 일이 생겼을 때 이웃이 서로 돕고 힘을 더한다면 어떤 역경도 헤쳐가리라 믿는다.

요즘 너무 개인화된 생활과 그 환경을 볼 때 편리하지만, 내가 겪으며 보며 살아 온 일들과 견주어 볼 때, 너무 조심스럽고 위태한 생각이 든다.

건강이 허락하는 한 여생은 이웃과 더불어 봉사하는 일에 최선을 다하며 살 것이라 다짐해본다. 그 때 모두가 힘을 더하지 않았다면 한 가정은 풍비박산(風飛雹散)이 났을 것이다. 내 주위에 어려움에 처한 사람이 있는지, 그가 말도 못하고 속으로 끙끙 앓고 있는지 우리는 관심을 가지고 볼 일이다. 힘이 될 수 있다면 내가 손 내밀어주고 내 혼자 힘으로 안 될 때에는 관련기관에 도움을 청하여 함께 고민하며 풀어나가는 사회가 우리가 바라는 바람직한 사회가 아닐까?

- 〈2019년 부천시 생명사랑 마음건강 공모전〉 입선

노인은 도서관이다

천지가 울긋불긋 꽃대궐이다.

더러는 지팡이를 짚고, 더러는 느릿느릿 절뚝이는 걸음으로 꽃나무 사이를 노인들은 걷는다.

노인의 날을 제정 선포한지 어느새 22년이 되었다.

그동안 정작 노인의 날이 언제이며, 언제 정해졌는지 알고 있는 노인들은 얼마나 될까.

어떤 조사 통계에 의하면 만65세 이상의 노인 당사자들은 10명 중 2명도 '노인의 날'이 있음을 모른다하니 참으로 안타까운 일이다.

현재의 8,90대의 노인들은 일제하(日帝下)에서 우리의 말과

글이 있음에도 불구하고 말과 글을 잃었을 뿐만 아니라 농사지은 쌀과 보리 등의 곡식을 공출로 강탈당해서 허리띠를 졸라매고 물과 초근목피(草根木皮)로 배를 채우며 어렵게 연명해 온 세대다.

일본이 세계 2차대전에서 국제연합국에 의해 패하여 1945년 8월 15일 대망의 해방은 되었으나 기쁨이 사라지기도 전에 미국과 중국의 상반된 정치이념으로 한반도는 남과 북으로 38선이 그어지고 분단국이 된 것이다.

분단이 되고 현재 8,90대의 어르신들은 국방경비대 설립부터 직접 참여하여 북한 간첩과 남한에 주둔하고 있는 공비 토벌 작전의 임무를 성실히 수행하였다.

분단 5년도 채 못 되어 6·25사변이 돌발되었고, 다시 전쟁시에는 국군편입 및 학도병으로 자원입대하여 국민과 국가를 위하여 피 흘리고 목숨 바쳐 나라를 지켜 낸 대한민국의 수호신인 셈이다.

그들이 지금의 8,90대 노인들이다.

전쟁이 종료되고 살아남은 군인들 중에서 5년 이상 병역의무를 마친 장병들은 희망에 따라 전역하게 하였다.

전역 후 그들은 다시 허리띠를 졸라매고 폐허가 된 우리 땅의 전후복구와 경제건설에 평생을 바쳐 열심히 일해 왔다.

전 세계에서 유례없이 단기간에 경제 대국을 이룬 역군이었음을 또한 부인할 수 없는 것이다.

그들이 지금의 8,90대 '어르신' 선배님들이다.

나 또한 기름 한 방울 생산되지 않는 나라에서 모든 에너지를 대체할 수 있는, 석탄을 생산하는 '대한석탄공사'에서 근무하였다.

열악한 환경에서 청춘을 불사르며 33년간 결혼휴가 4일을 제외하고는 단 하루도 결근 없이 일했다.

그 또한 국가경제발전에 심신을 다 바쳐 일익을 담당했다는 사실에 나는 무한한 자긍심을 갖는다.

그러나 요즘 TV나 신문을 보면 답답하기가 이루 말 할 수 없다. 나는 물론 경제전문가도 아니며 전문정치인도 아니지만 당파싸움으로 정쟁(政爭)만 하고 있는 현 사회가 못마땅하다.

정치인(政治人)이나 각 부처공무원(청와대;대통령), 군인, 각계 기업인, 학생 등 모든 국민이 사심(私心)을 버리고 한 마음 한 뜻으로 논의하고 힘을 모운다면 이 어려운 난국을 헤쳐나갈 수 있으리라 생각한다.

협조하고 조금씩 양보하면 불가능이란 없을 것이다.

말로만 한다면 못할 게 무엇이겠는가?

하지만 모든 국민이 뭉치면 안 될 것 뭐 있겠냐고 반문과 설득을 해보고 싶다.

어떤 의미에서 나는 고인이 된 현대그룹의 정주영 회장을 존경하고 그분의 의지를 높이 평가한다.

고향 이북에서 송아지 한 마리 몰고 월남(越南)하여 대통령, 노벨상 수상, 박사(博士)의 타이틀만 없을 뿐, 못 이룬 것 별로 없는 것으로 알고 있다.

그러한 정주영 회장님의 그 굳은 신념과 의지, 그것은 누구에게나 "해 보기는 했어?"라고 질문하는 것이 남과 다른 "신념이요, 의지요, 좋은 덕담이요." 바로 그 분만의 성공의 비결이라고 본다.

자신감을 가지고 믿고 해보면 불가능은 없을 것이다.

어찌보면 상당히 낭만적인 이야기로 들리겠지만 우리는 '하면 된다.'라는 것을 한 평생 살아오면서 몸으로 부딪히며 깨달은 바 있지 않는가.

1997년 10월 2일을 '노인의 날'로 정한지도 벌써 22회를 맞이하였다.

'노인의 날'은 몸과 마음을 바쳐 조국 발전에 중추적 역할을 해

온 노인들의 노고를 치하하고 경로 효친사상을 확산하기 위해 기념일로 지정한 것이다.

지금 대한민국이 풍요를 누리고 있는 것도 노인인 어르신들이 흘린 피와 땀의 대가라고 감히 말 할 수 있다.

앞으로도 마땅히 존경 받아야 할 어르신들이 건강하고 행복한 노후의 삶을 위하여 전문화된 노인복지를 선도하는 국가와 사회적 역할을 충실히 이행할 수 있는 노인복지법의 개정 및 신설을 감히 언급해 본다.

나는 환란의 현대사를 가지고 있는 이 땅에서 열심히 일 해 온 사람이기 때문이다. 바로 그 노인 당사자이기 때문이다.

세월만 흐르면 누구나 피할 수 없이 노인이 된다. 우리는 이것을 잊어서는 안된다.

그러나 8,90대의 노인들은 또한 세월이 만들어 준 노인으로서의 노인대접 받기를 기대하지 말 것이며

6,70대의 노인들은 그동안 살아오면서 쌓아 온 수많은 경륜과 쉼 없이 갈고 닦은 덕을 국가와 사회를 위해 아낌없이 베풀고 봉사하는 마음으로 살아 갈 것을 종용하고 싶다. 그것이 지금까지 젊은 시절을 최선을 다해 살아왔듯이 이 땅에서 노인으로 살아가

는 지혜롭고 합당한 길이라고 본다.

현재 만 65세만 되면 노령연금을 받는다. 어떤 의미에서는 지금껏 열심히 살아 온 노인에 대한 예우라 할 수 있다.

그러나 초령노인인 60대 초반은 현실에서 밀려나 일자리도 잃은 채 용돈은커녕 생계비도 부족하여 삶이 곤궁한 사람들이 많다.

그들은 이 땅의 자식으로서 부모를 모셔야 했고, 또 이 땅의 아버지로서 자식들에게는 아낌없이 내어 주어야 했던 사람들인 것이다. 그것이 현금(現今)의 사회현실이었던 것이다.

그래서 그들은 빨리 65세가 되기를 기다리는 실정이라 하니 참으로 서글픈 일이지 않는가.

예로부터 "노인 한 사람을 잃으면 도서관 하나를 잃은 것과 같다"고 했다.

그만큼 노인은 만고풍상을 다 겪었기에 세상일을 통달했으며 그러한 노인에게 물어서 생각해봄이 가장 빠르고 지혜롭다는 말일 것이다.

사회가, 젊은 층이, 이러한 말들을 귀담아 들을 일이다. 어떤 분야에서든지 젊은 사람들과 나이가 든 사람들이 적절한 비율로

섞여 있어야 한다.

젊은 사람들에게서는 패기를 나이 먹은 사람들에게서는 '노마식도(노마지지老馬之智)'의 지혜를 배울 수가 있기 때문이다.

길고 긴 인생 경륜을 통해 배우고 익혀 저장해 둔 좋은 지식과 기능을 움켜만 쥐고 썩히지 말자.

아낌없이 나눔으로써 진정한 노인으로 건강하고 행복하게 사는 삶, 그야말로 존경받는 도서관 한 채로 살 수 있기를 나 자신뿐만 아니라 이웃의 한 사람 한 사람에게 바라는 바다.

“방글이 이야기할머니 도랑물고기 강물 만나다”

미용업을 천직으로, 청춘을 불사르고

충청남도 논산군 논산읍 취암2동 427번지에서 아버지가 공무원인 가정에서 2남 3녀 중 넷째로 태어난 화제의 동화구연강사(임영월)는 대전에서 기술고등학교 미용학과를 졸업하고 20대에 미용기술을 실습연마 하여 20대말에 결혼, 30대초에는 미장원을 운영하면서 열심히 일해서 자리를 잡았다.

“미용업이 나의 천직”이라 믿고 최선을 다해 일한 결과 부천에서 상류급 미장원으로 부흥되어. 미용전문기술 배우러 해외연수 3회와 국제미용사자격 심사위원 연수교육도 수료했다.

그렇게 미용실 영업이 번창해 가는 것도 잠시, 남편의 사업실패와 아들의 사고가 겹쳤다. 게다가 불경기가 찾아와 미용실마저

곤경에 처했다.

"동화구연과 童笑(동소)"가 藥(약)이 될줄이야? 희귀병인 "방광괴질"은 흔적도 없이 살아지고, 신바람난 제2인생은 꽃이 활짝 피다!!!

아들 형제를 키워 독립시켜서 손주 3명을 둔 할머니로서 40년 전 경기도 부천으로 와서 미용업을 하던 중 30대 중반에 "희귀병(방광괴질)이 발병, 14년간 병원 드나들며 투병 끝에 50대에 4회나 반복 수술로 60대 초반에 완치 통보 받고 내 인생 60이 넘어서 (2006년 9월 15일)부천시 오정노인복지관에 회원으로 등록했다. 오정노인복지관에 회원등록과 동시 평생교육 프로그램인 "동화구연반, 연극반"에 대 환영을 받으며 등록, 열심히 배워서 오정노인복지관 기념행사땐 연극공연도 하고 2013년도에는 전국연극경연대회에서(거창) 최우수상도 수상했다. 부천시 오정구 관내 6개 어린이집과 유치원에서 200여명의 어린이와 노인요양원 2개소에서 50여명의 어르신들에게 동화구연과 노래를 가르치며 도랑물고기가 강물을 만난 듯 행복하고 즐겁게 봉사하며 살고 있다. 황혼기에 찾아온 나의 행복 "숲속 초가집 창가에 작은 사람이 서 있는데 토끼 한 마리가 뛰어와 문 두드리며 하는 말"~~생략~~ 초롱초롱한 눈망울 앞에서 손 유희와 동화를 들려주는 시간이 나에게는 가장 행복하고 보람을 느끼는 시간이다. 가끔 "힘들지 않느냐?"는 질문을 받고 나는 이렇게 대답 한다. "아침에 일어나 화장을 하고 일하러 갈 곳이 있으니 행복합니다"라고.

"방글이 이야기 할머니"로 살아온지도 어언 11년이 지났군요, 동화구연은 시골교회 주일학교 교사 시절에 배워 익혔던 과목이라 평생교육 프로그램 중 "동화구연" 과목이 있어 고향친구 만난 듯 반가워 복습코저 수강생으로 등록하고 교육형 일자리에도 참여하게 되어 더욱 기뻤다.

좋아하던 동화구연 기능 나누며 경제적 도움은 물론, 방글방글 미소 짓는 손주 같은 어린이와 함께 춤추며, 노래하니 건강하여 즐겁고 행복해서 노후생활이 일석사조(壹石四鳥)의 횡재(橫財)를 얻은 듯 세상에서 제일 행복한 "이야기 할머니"가 되어 신나게 활동하며 70대의 노년이지만 어엿하고 떳떳한 동화구연 강사임을 자부한다.

"10년후의 나를 보듯" 어르신들에게 성심을 다하는 봉사자로

남겠다.

오정노인복지관 주간보호센터와 노인요양원 2개소에서 봉사도 하는데 유치원(어린이집) 못지않은 즐거움과 보람을 느끼는 것은 10년 후의 나를 보는 듯 했다. 어눌해지는 혀 운동과 전신운동을 위해 동화구연과 손 유희를 잘도 따라 하시는 어르신들의 모습이 정말 보기 좋다.

동화구연을 끝내고 유행가 한 가락을 뽑아 올리면 평소엔 정신줄 놓고 계시던 어르신도 젊었던 시절 불렀던 뽕짝 트로트는 박자와 가사까지 잊지 않고 합창을 신나게 잘도 따라 부르신다. 노인에게 맞는 손 유희와 동화를 좀 더 연구하고 공부해서 내가 받은 달란트를 요긴하고 보람 있게 봉사하여 황혼의 행복을 더 누리고 즐겁게 사는 것이 “나의 목표이자 소망”이다.

KBS “황금연못 회원” 모집에 선발되다.

2018년 8월에는 KBS방송국에서 매주 토요일에 방영되는 황금연못 출연자 신청(부천시 오정노인복지관)으로 선발되어 2019년 3월 9일 현재 18회 출연(월2회)하여 70대 중반노인이 아닌 “어르신”으로 인정 받기위해 모든 분야별 교육을 수련중이며 인생후

반기 삶의 보람을 만끽(滿喫)하고 있어 행복하다.

★지금도 나의 소망은★

"1)소중한 벗 2)배움의 열정 3)나눔을 실천"이라는 봉사정신으로 평생 봉사자로서 항상 주안에서 하나님의 말씀에 순종하며 남은 생, 노후를 즐겁고 보람차게 살고자 다짐해 본다.

- 부천시 오정노인복지관『정』소나무 기자단

인성, 예절 교육이 먼저다

경기 부천시 거주 노인들로 구성된 시니어클럽의 교통안전 지킴이인 "은빛사랑나눔단"은 교통사고 예방활동캠페인(교육)에 참여했다.

관내초등학교 정·후문의 인근도로 및 횡단보도에서 아이들의 등하굣길 교통안전을 지켜주는 노인일자리 사업단이다.

등교시간에 아이들과 이야기를 나누고 싶어 살며시 다가가 "안녕" 하고 미소 지으면 아이들은 그제서야 "안녕하세요" 라고 고개 숙여 답례한다. 지난해 5월 7일 부천초등학교에 교통안전지킴이 4명이 처음 배치되었는데, 이날 정문 횡단보도를 건너는 학생 230여 명 중 교통안전지킴이 노인들에게 스스로 인사하는 학생은 단 두 명이었다.

은빛사랑나눔단 팀원 4명은 교육차원에서 우리가 먼저 아이들에게 말을 걸어 인사하기로 했다. 그랬더니 여름 방학이 시작되기 전날인 7월 26일엔 할아버지들에게 먼저 인사하는 학생이 50여명으로 늘었고, 겨울방학 직전인 12월 21일에는 130여명이나 되었다., 시작한지 7개월만에 260%로, 기대이상의 증가효과를 보인 셈이다.

아이들 인성, 예절교육은 억지로 강요해서 되는 게 아니라 일상생활을 통해 학생들 마음에서 자연스럽게 우러나오도록 해야 한다는 것을 새삼 느꼈다.

그동안 우리교육은 대학 입시와 취업에만 집중해 인간다운 성품을 길러주는 인성, 예절교육은 소홀히 한 측면이 있다.

유치원(어린이집)부터 대학교에 이르기까지 아름다운 내면으로 이 사회와 더불어 살아가기 위해서는 인성, 예절교육이 필수라고 생각한다. 그런 의미에서 저학년부터 이러한 교육이 더욱 강화되어야 한다고 본다.

-조선일보 2018년 10월 4일자 32면 opinion 게재

독고(獨孤) 어르신들 따뜻한 겨울 만나다

오정노인복지관은 11월 26일 오전 9시부터 대아티아이(주)로부터 연속 7년째 후원하는 후원금으로 김장배추를 매입하여 식당에서 대아티아이(주)의 '나누리봉사단'(경영기획팀)을 인솔한 이사님과 오정노인복지관의 김정은 관장과 자원봉사자 21명이 참석한 자리에서 후원금(300만원) 전달식을 하고 김정은 관장의 감사 인사말에 이어 단체 기념촬영을 한 뒤 김장김치 담그기 작업을 시작했다.

대아티아이(주)의 이근하 대리를 비롯한 직원 8명과 자원봉사 학생 6명과 복지관 김정은 관장을 비롯한 복지사, 영양사와 7명을 합한 21명이 김치 담그는 조리팀, 용기에 담는 팀, 완제김치 정리 팀의 분할(分割)작업으로 "행복김치" 만들기는 예상보다 빨리 마쳤다.

꿀맛 나는 점심식사가 끝나고 휴식 시간을 이용 대아티아이(주)의 이근하 대리에게 '자원봉사자'로 독고(獨孤) 어르신들을 돕는 '김치담그기 행사'에 참석한 소감을 물은 즉 자원봉사 활동은 생계와 자기발전을 위해 회사에 몸담아 근무하는 것과는 달리 대가(代價)없이 진심을 담아 남을 위해 미력이나마 직접 도움을 줄 수 있다는 것이 흐뭇하고 보람을 느껴 기쁘다고 말했다. 내년에도 불우 이웃을 위한 일이라면 계속 봉사하겠다는 말도 덧붙였다.

인천시 석정중학교 2학년 인혜성 학생은 오늘 아침에는 일찍 깨서 잠이 부족하여 힘들었으나 막상 오정노인복지관에 와서 어려운 어르신들을 위해 김치 만드는 자원 봉사를 직접 해 보니 정말 흐뭇한 보람을 느껴 기쁘다고 하면서 앞으로도 어려운 이웃을 위해 봉사하겠다고 했다.

휴식시간이 끝나고 승용차 4대로 독고어르신들 60가구 굽이굽이 골목길 따라 수혜 가구당 김치 14kg, 쌀 10kg 씩을 배달하여 15시에야 마쳤다.

사랑과 기쁨, 온정의 김장김치 나누기는 21명 자원봉사자의 웃음꽃으로 버무린 일곱 시간은 이렇게 따뜻하게 마무리 되었다.

행복김치 담그기 봉사 장면

글 사진_ 부천시 오정노인복지관『정』게재, 시민기자

인성교육 부재(不在)로 무너진 윤리도덕

입시에만 치중해 인성교육은 뒷전, 국가차원 인성교육기관 설립해야

우리는 경기도 부천시에 거주하는 만60세 이상의 노인으로 구성된 시니어클럽의 교통안전지킴(은빛사랑나눔단)이로서 관내 각 초등학교 정,후문의 자동차도로, 횡단보도에서 등,하교시 학생들의 교통사고예방을 위해 매월 10일간(하루 3시간씩) 주 2교대로 근무하는 노인 일자리 사업단입니다.

아침 8시에 출근하여 정, 후문인접 횡단보도에서 꾸밈없이 해맑은 웃음 짓는 천진난만한 아이들을 바라보는 필자의 마음도 아이들과 함께 청순하게 맑아진다.

꾸밈없이 선하고 맑은 아이들을 보는 순간 등,하교길의 교통안전은 우리가 지켜줘야 한다는 의무감을 느끼게한다.

필자는 나이도 잊은 채 아이들과 함께 얘기 나누고 싶어 살며시 다가가 "안녕"하고 미소 지으며 답례한다. 인사없이 무표정으로 등교하는 아이에게는 필자가 먼저 미소로 "안녕" 하고 인사하면 그제야 "안녕하세요" 아니면 미소로 고개숙여 인사한다.

지난해 5월 7일 부천초등학교에 배치되어 첫 날은 정문횡단보도 건너는 학생 230여명 중 스스로 인사하는 학생은 두 명 뿐이었다. (3학년 3반의 정희진 양과 1학년 1반의 정은진 자매)

그래서 은빛사랑나눔단 부천초등학교 팀원 4명은 간담회를 통해 교육차원에서 우리가 먼저 말을 걸어 매일 같이 계속 "안녕"이라고 인사한 결과, 여름방학이 시작되기 전날 7월 26일에는 횡단보도 이용학생 230여명 중 은빛사랑나눔단 노인교통안전지킴이가 먼저 인사 유도한지 80일 만에 스스로 인사하는 학생 수는 50여명(22%)에 달했다.

손주 같은 학생들과 계속 소통하고 무단한 홍보 노력으로 겨울방학이 시작되는 전날 12월 21일에는 6개월 14일만(여름방학 제외)에 스스로 인사하는 학생 수가 예상을 초월한 135명(45%)으로 급증했다.

그러나 저들을 도와주는 교통지킴이 할아버지들에게 학생들이 횡단보도를 건너는 시간 20초의 상면으로는 고맙다는 마음 느끼기에는 너무 짧은 시간이다.

교육은 뭐니뭐니해도 가정의 부모교육이 가장 중요함을 칠팔십이 넘도록 살아온 우리들에게도 새삼 느끼게 했다.

대학 입학시험 합격과 좋은 직장 취업에만 집중하는 현재의 교육제도가 인성교육에 너무 소홀하지 않았나 하는 안타까운 마음도 가져본다.

앞으로 우리나라 교육은 심도 깊은 개혁으로 대학 입학시험 합격과 좋은 일자리 취업에만 치중하지 말고 인간다운 사람이 되는 인성교육시간을 늘려서 범죄 예방을 위해서라도 국가 차원에서 예절교육(인성교육) 전문 실습기관을 설립, 유치원(어린이집)에서 대학교에 이르기까지 각 학교별로 인성교육시간 배정으로 인성교육 의무시간 수료학생만이 상급학교 진학토록 제도화하고, 정부 각 기관과 사회 각 단체와 모든 국민에 이르기까지 인성교육을 의무화 시킨다.

국민 모두가 한 마음 한 뜻 되어 사람다운 사람이 사는 나라로 효자육성 성공하면 요즘 자고나면 일어나고 있는 각종 사회 범죄문제에도 어느 정도 해소가 될 것이다. 이 모든 것들이 인성에서 비롯된 것들 아니겠는가.

더 나아가 반듯한 시민정신이 정립되어 애국자도 많이 나옴으로써 사회를 바라보는 시각이 훨씬 따뜻하여 북한의 핵 폐기 문제 및 남북 평화 통일문제도 수월하게 해결 되지않을까. 동방예의지국 대한민국이 거듭나길 바라는 마음이다.

-『경기일보』게재, 시민기자

복실이의 죽음

나는 경상북도 봉화군 봉성면 봉성리 310번지, 작은 마을 소작 농가에서 태어났다. 부친은 3대 독자이며 부모님은 인정이 많고 따뜻한 분이셨다. 나즈막하고 포근한 산으로 둘러싸여 있는 마을의 한복판 집에서 맏아들로 태어 난 나는 동네사람들의 귀여움을 독차지하며 자랐다.

내가 3살 무렵에 양지마을 이장댁으로 부터 강아지 한 마리를 받아왔다. 잡종이지만 귀엽고 복스러워 이름을 복실이라 지었다.

어머님은 복실이를 정성껏 키우셨다. 네 살쯤 된 복실이는 여섯 살인 내가 그 등을 타고 다닐 정도로 거짓말처럼 잘 자랐다. 복실이는 나에게 친구이고 형제 같았다.

그 무렵 이웃 마을에 사시는 나의 먼 친척 고모님이 얼굴이 노랗게 황달이 들고 배에는 물이 차는 채독병에 걸렸다한다. 고모는 아버지의 8촌 누님이시다.

4대 독자이신 아버지는 8촌의 누님에게도 지극하셨다. 고모의 병은 당시 상황으로는 고치기 어렵다 했다. 그래서 죽을 날만 기다리고 있는 형편이었다.

그러던 중 채독병에는 개고기가 효험이 있다는 얘기를 어디서 들으신 아버지께서는 아들인 내가 형제이며 친구처럼 아끼고 사랑하는 복실이를 고모님의 약으로 주시기로 결심 하셨다한다.

이웃 어르신들과 개 잡는 것에 대한 이야기를 엿듣고 나는 울며불며 복실이 살려달라고 발버둥 치며 고집을 부렸지만 고모님을 살리겠다는 아버지의 결심은 한결같았다.

내가 사랑하고 친구, 가족처럼 함께하며 타고 다니던 복실이는 꿈에도 생각 못한 고모님의 약이 되기 위해 노상(老桑 : 늙은 뽕나무)에 매달린 채 죽음을 맞이해야만 했다.

제대로 짖어보지도 못한 채 뽕나무에 매달린 복실이를 보는 순간 너무 슬프고 가여웠다. 나는 터져 나오는 울음을 참을 길 없었다.

어머니와 이웃어르신들이 그만 울음을 그치라고 어르고 달랬지만 그럴수록 더 크게 울었다. 형제를 잃은 듯 슬프고 가슴이 아팠다. 그렇게 울다가 나는 어린 나이임에도 불구하고 스스로 아픔을 달랠 수밖에 없었다.

그것은 아버님께서 고모님을 살리려는 정성어린 소망이 느껴졌기 때문이다.

어쩔 수 없이 복실이가 고모님의 병이 낫는데 희생되지만 하루속히 고모님이 완쾌되기만을 어린 마음이지만 기원했다. 그 시절 그 어린 것이 어떻게 울음을 그치고 그토록 갸륵한 생각을 했는지… 지금 생각해봐도 기특할 따름이다.

팔순이 넘은 지금, 나는 일곱 살 그 시절을 생각하면 눈물이 흘러내린다. 이 글을 쓰고 있는 순간도 그치지 않는 눈물을 연신 손수건으로 닦고는 한다.

친구이자 가족 같은 복실이를 채독병 고치는 약으로 써야만 했던 어른들이 밉고 야속했지만, 고모님의 채독병이 완쾌하도록 간절히 기원하던 아버지의 마음이 이해되기도 한다.

이 아침

가여운 복실이의 명복을 진심으로 빌어 본다.

〈축사〉

노인의 날을 즈음하여

오곡이 무르익는 결실의 계절과 인생의 덕을 쌓아 완숙해가는 노인의 달을 맞이하여 전국에 계시는 어르신들께 노인의 날을 맞이하여 축하와 아낌없는 찬사를 드립니다.

대한민국 어르신들 안녕 하시지요? 1997년 10월 2일을 '노인의 날'로 정한지도 벌써 22회를 맞이하였습니다.

노인의 날은 몸과 마음을 바쳐 조국 발전에 중추적 역할을 해온 노인들의 노고를 치하하고 경로 효친사상을 확산하기위해 매년 10월 2일을 '노인의 날'로 지정하였으며 우리가 지금 풍요를 누리고 있는 것도 어르신들이 흘린 피와 땀의 대가라고 생각됩니다.

앞으로도 마땅히 존경 받아야할 어르신들이 건강하고 행복한 노후의 삶을 위하여 전문화된 노인복지를 선도하는 국가와 사회적 역할을 충실히 수행할 것을 우리노인은 강력히 요구하는 바입니다.

세월만 흐르면 누구나 피할 수 없이 노인이 됩니다. 우리 노인들은 세월이 만들어준 노인으로 대접받기를 기대하지 말고 우리는 칠팔십 년의 많은 인생경륜과 쉼 없이 단련한 덕과 애국애민 정신으로 국가와 사회를 위해 헌신해야 합니다

노인 스스로가 앞장서서 지금까지 배우고 쌓아온 지식과 기능을 자원봉사와 아낌없는 나눔으로 노인이 아닌 어르신 대접받으며 100세 시대를 맞이한 여생을 후회 없이, 건강하고 행복한 삶을 살도록 우리 모두 다짐합시다. Fighting !!!

축사하는 저자

노인과 어르신의 비교

	노 인 은 ?	어 르 신 은 ?	비고
1	세월 흐름에 따라 나이 먹고 늙어 가는 사람이고	세월 흐름에 따라 덕을 쌓아서 존경 받는 사람이다	
2	몸과 마음이 자연히 늙는다고 생각하는 사람이고	자신을 가꾸고 젊어지려고 스스로 노력하는 사람이다	
3	자기 생각과 고집을 버리지 못하는 사람이다	이해와 용서, 아량을 베풀 줄 아는 사람이다	
4	상대를 부정적으로 평가하는 사람이고	좋은 덕담을 해 주고 긍정적으로 믿어주는 사람이다	
5	상대에게 간섭하고, 잘난 체하며 배(排) 하려고 하는 사람이고	스스로를 절제할 줄 알고 알아도 모른 체 하는 사람이다	
6	대가 없이 받기만을 좋아하는 사람이고	남에게 베풀어 주기를 좋아하고 은혜를 갚을 줄 아는 사람이다	
7	고독하고 외로움을 많이 타는 사람이고	주변에 좋은 친구를 두고, 활발한 모습을 지닌 사람이다	
8	조바심 하며 부정적인 생각을 하는 사람이고	느긋하며 긍정적인 생각을 하는 사람이다	
9	이제 배울 것이 없어 최고인양 생각하는 사람이고	언제나 노소를 막론하고 배워야 한다고 생각하는 사람이다	
10	자기가 사용했던 물건을 버리지 못하는 사람	그 물건들을 재활용 할 줄 아는 지혜로운 사람이다	
11	공짜를 좋아하는 사람이고	그 댓가를 지불해야 한다고 생각하는 사람이다	
12	어른대접 받는 것이 당연하다고 생각하는 사람이고	겸손하며 자기를 낮출 줄 아는 사람이다	
13	경륜과 덕을 쌓아 얻은 지식과 기능을 독차지한 채 대접받기를 바라는 사람이고	경륜과 덕을 쌓아 얻은 지식, 기능을 그 누구에게나 아낌없이 나눠 주고 배려할 줄 아는 사람이다	

부천시 오정노인복지관 선한후원회 발족식 개최

150여 명 회원들의 자발적 모임으로 "재정충당과 어려운 이웃 보살피기로"

오정노인복지관(관장 김정은)은 지난 5월 31일 오후 2시 오정구청 5층 강당에서 '선한 후원회 발족식'을 개최했다. 이날 발족식에는 사회복지법인 네트워크 설립자 권태일 이사장과 240여명 회원들이 참석하여 자리를 빛냈다.

'선한후원회'는 지난 5월 부천시 오정노인복지관 총 학생위원회(위원장 원종하)의 임원들이 자발적으로 뜻을 모은 것이다.

선한 후원으로 이뤄진 모금은 부천시행정복지센터 개편에 따라 복지관 이전을 앞두고 공공재원만으로는 충당하기 어려운 재정문제를 해결하는데 쓰인다. 후원회 모금으로는 비품매입, 설비비용, 어르신들의 전반적인 프로그램교육비 충당에 활용하고 어려운 이웃들에게도 도움을 주는데 사용하게 된다.

이번 발족식은 식전공연, 사회복지법인 네트워크의 설립자 권태일 이사장의 축사와 사업 소개, 후원자에게 배지수여 및 나눔운동본부 김예은 나눔교육사의 '나눔특강' 등으로 진행되었다.

입회신청은 후원금 자동납부 신청서를 작성하고 배지를 받은 후 매달 정해진 금액을 후원하면 된다. CMS 후원은 새마을금고(3647-09-042184-1)를 거쳐 부천시 오정노인복지관으로 입금하게 된다. 관외 개인이나 시청과 각 기관, 각 기업(상업인)의 후원은 부천시 오정노인복지관의 총무과 담당자에게 신청하면 된다.

선한후원회 회원은 6월 현재 150여명이 가입했으며 계속 자원 가입 중이다. 선한후원회 발족은 후원자들의 따뜻한 마음이 선한 부메랑이 되어 사각지대 독거노인들인 수혜자들에게 나눔을 실천하는 '마중물 역할'을 하게 될 것이다. 이런 미담은 전국에 확산되어 노인들의 여생이 행복해 지도록 선한후원의 손길이 계속 되기를 기원 해 본다. 아울러 선한후원회원들의 정성이 큰 힘이 되어 끝없이 발전하는 후원회가 될 것을 기대한다.

-2016.6.3. 오정노인복지관『정』소나무 기자단

〈선한 후원회〉 발족식

제3회 부천시 바둑강사가족 나들이 한마당

부천시 김웅환 바둑강사가족회(6명:38단)는 4월말 부천시 바둑동호인 야외나들이 단합대회를 시행하다.

2016년 4월 30일 오전 10시 30분 부천시 춘의동 448-3 삼원가든 정원에서 부천시 바둑강사 김웅환 가족바둑회(6명:38단)의 제3회 바둑동호인 나들이 행사가 있었다.

바둑행사로는 단체전 4팀과 초청 동호인 7개 팀(多面棋)의 친선Game 및 프로 9단의 바둑강의를 비롯, 바둑동호인 90여명과 부천시 바둑동호인 연합회(회장 국회의원 설 훈)의 임원들이 참여하여 동호인 확보와 상호친교(相互親交)를 위해 화기애애(和

氣靄靄)한 가운데 맛있는 점심대접까지 받으며 성대히 치러졌다.

아침부터 내리던 비도 차츰 빗줄기가 약해져 비가 그치면서 날씨마저 부천시 바둑가족 나들이를 축하하고 격려해 주었으며 바둑동호인 100여명은 이구동성(異口同聲)으로 부천시 김웅환 바둑강사님과 그 바둑가족 회원들에게 감사(感謝)와 찬사(讚辭)를 아끼지 않았다.

묵우회(서예동아리)의 青松 신우현 선생님과 배종길 총무님께서는 바둑 동호인들의 취향에 따라 주문받은 優良家訓 40여장을 정성껏 집필하여 무료 증정함으로 비온 뒤의 선선하던 기온도 더욱 훈훈하고 따스한 온기와 미소(溫氣와 微笑)가 넘쳐 나는 즐거운 행사장이 되었다.

끝으로 바둑동호인과 바둑강사 가족들의 기념촬영으로 일 년 뒤에 다시 만날 약속과 석별의 정을 나누며 '부친시 바둑강사가족 나들이'는 성대히 끝을 맺었다.

-2016.04.30 오정노인복지관『정』소나무 기자단

부천 바둑강사 가족 나들이

김종한 약력

저자 김종한은 경상북도 봉화군 봉성면 봉성리 30여 가구가 살아가는 소농 마을에서 4대 독자인 아버지의 장남으로(4남매 중) 1936년 12월 3일(음력)출생, 일제강점기로부터 1945년 8월 15일 해방은 되었으나 남북한의 이념분열로 분단국이 되어 해방의 기쁨으로 안정을 찾기도 전 1950년 6월 25일 북한으로부터 돌발 남침을 받아 한국전쟁이 일어나고 남북이 다시 휴전선을 재설정하고 총성 없는 이념전쟁은 시작되었다.

해방과 한국전쟁을 겪으면서 1950년 국민학교 졸업 후 4년이란 긴 세월 간 학업 중단하고 고향 농촌에서 농사일을 돕다가 1954년에 강원도 삼척시 도계읍으로 이사하여 도계중학교에 우수한 성적으로 입학하였으며 3년간 장학생으로 학업에 충실하였다.

그러나 졸업은 했으나 중학교 2학년 때 아버지가 돌아가셔서 강릉사범학교 합격을 하였으나 입학을 포기하고 1957년 9월 15일 대한석탄공사 도계광업소에 입사 근무 중 1년 후 1958년 9월 16일 육군에 입대 복무 중 1960년도에 대학입학자격검정고시에 합격하였으며

1961년 8월 16일 만기제대를 하였다.

1961년 9월 20일 대한석탄공사에 복직하여 채광직으로 근무 중 1964년 광산보안2급기능사 국가고시에 합격하여 채탄반장 보직, 1965년 준사원 승진, 1971년 4급 사원 진급과 동시 생산과장 승진, 1973년 차장대우 승진, 1975년 생산차장 진급, 1978년 안전감독실 실장으로 보직하였다.

1979년도 국가고시 광산보안기사 1급 시험 합격(45세), 1980년 9월 30일 석탄공사 퇴사. 1980년 10월 1일 삼성산업 생산부장 임직, 1988년 10월 31일 사직하였다.

1989년 4월 7일 부동산중개업 개업(부천시 고강본동). 1991년 8월 5일 태백시 화전동 광신탄광 소장 부임. 1992년 12월 14일 처 강석자 집사 상천. 1993년 2월 27일 광신탄광을 사직.

1993년 4월 15일 사북광업소 신일탄광 소장 부임. 1994년 4월 20일 신일탄광 사직. 1994년 5월 7일 부천시 삼양부동산 중개업 취업. 2006년 12월 29일 사직.

2007년 4월부터 2012년 11월까지 "부천시니어클럽 노인 일자리"에서 초등학교 어린이 등하교시 횡단보도 교통 안내 (6년)

2008년 3월 부천시 오정노인복지관 정보화교육 등록 2011년 12월까지 수강. 2012년 1월 부천시 오정노인복지관 총학생위원회 8대 학생위원장 선임으로 2013년 12월까지 역임.

2012년 3월~4월 안전행정부 안전처 관할 "생활안전연합"에서 안전지도자 양성교육 수강 후 2012년 5월~2016년까지 교통안전 지도 강사, 낙상사고 예방지도 강사. 부천시. 인천시. 광명시. 관악구(신림동)의 노인복지관, 사회종합복지관 대상 안전교육지도 순회 강의.

2015년 3월부터 부천시 오정노인복지관에 전국 최초로 노인인권 지도강사 양성교육과목을 승인 받아 3월~당년 6월까지 노인인권 지도강사 양성교육을 마치고(5명수료),

7월부터 부천시노인복지관, 사회종합복지관, 성도 1,000명이상 기독교회노인대학, 부천시니어클럽(노인일자리기관) 등 4개 기관의 노인상대로 노인인권 지도강사 5명이 순회 강의를 2016년 11월까지 9개월씩 2년을 마치고, 2017년부터는 부천시장의 위촉을 받아 부천시내 136개 노인요양원(주야간보호센터)을 1개조 2명씩 편성(총 18명)하여 안전사고 예방과 입원 요양노인 인권보호를 목적으로 활동함.

('노인인권지킴이'로 개칭하여 노인일자리로 월 10일씩 3개 구역으로 분담 9개 조가 순회방문 모니터링하여 4년째 근속 중이며 입원 요양노인들의 인권 유지와 요양원 질서 확립에 좋은 성과로 그 보호가족과 사회로부터 이구동성으로 호평(好評)을 받아 노인 봉사 활동에 긍지를 느끼며 시정에도 일책삼조(壹策參助)가 되어 모든 시민이 감사로써 격려를 하고 있다.)

| 표창 및 수상 경력 |

그동안의 수상 경력으로는

국무총리상 1회, 도지사상 1회, 석탄공사 사장상 5회, 석탄공사 도계광업소장상 4회, 생활안전연합 대표 감사패, 부천시장상 1회, 노인복지관장상 1회, 감사장 1회 등을 수상하였으며

| 문예부문 공모전 수상 |

1979년 대한석탄공사 서정쇄신수범사례(庶政刷新垂範事例)공모전 : 최우수상(石炭公社社長賞)

2019. 9 : 경기복지재단 문예공모 우수상(경기도지사장상 수상)_시「아버지의 추억」

2019. 6 : 부천 생명사랑 마음건강 공모전 장려상(자살예방센터장상 수상)_수필「거듭 태어나다」

2020. 10 : 경기복지재단 문예작품공모전 우수상(경기도지사장상 수상)_시「그런 친구였으면」

2020. 10 : 부천시 자살예방센터 표어 공모전 최우수상(자살예방센터장상 수상)

한국사진작가협회 부천지회 사진공모전 : 장려상1, 입선 3회 수상